AF359909

27ᵉ ANNIVERSAIRE

DE

L'ABOLITION DE L'ESCLAVAGE

COMPTE RENDU

DU

BANQUET COMMÉMORATIF

Donné par les Créoles présents à Paris

LE 5 MAI 1875

PARIS

IMPRIMERIE DE E. BRIÈRE

Rue Saint-Honoré, 257

—

1875

27ᵉ ANNIVERSAIRE

DE

L'ABOLITION DE L'ESCLAVAGE

A nos Compatriotes qui habitent les Colonies!

Le compte-rendu que nous avons donné dans le *Journal d'Outre-Mer* sur le banquet présidé par M. Victor Schœlcher, le 5 mai, pour célébrer l'anniversaire de l'abolition de l'esclavage, ne pouvait pas être complet, quel que fût notre désir de satisfaire la légitime curiosité de ceux qui n'y avaient pas pris part. Nous étions pressé par le courrier du 17, que nous ne voulions pas laisser partir sans envoyer à nos compatriotes des départements d'outre-mer une physionomie aussi exacte que possible de cette fête de la famille coloniale. Aujourd'hui, nous avons la bonne fortune de pouvoir donner *in extenso* les discours qui ont été prononcés dans cette mémorable soirée. Nous nous faisons un devoir de les publier en brochure.

Quand des hommes, qui s'appellent Victor Schœlcher, Crémieux, Arago, Louis Blanc, Jules Simon, parlent au nom de la philosophie et de la République, on ne peut pas se contenter de résumer leurs discours ; on doit les publier tels qu'ils ont été prononcés, afin que ceux qui n'ont pas eu le privilége de les entendre puissent, en les lisant, en faire leur profit et s'engager résolûment dans la voie que les orateurs nous ont tracée. C'est la justice, la liberté, l'égalité, que ces hommes veulent faire passer de la théorie philosophique dans les faits républicains. Tous ont combattu et combattent encore avec ardeur l'esprit clérical, — qu'il ne faut pas confondre avec la foi sincère et la libre croyance des âmes que l'on doit toujours respecter, — parce que l'esprit clérical tend à faire de la religion un moyen pour arriver à la domination terrestre.

A chacun le droit de croire ce qu'il veut et de pratiquer librement ce qu'il croit, à la condition de respecter à son tour la liberté de son voisin. Au prêtre, l'église ; au pasteur, le temple ; au rabbin, la synagogue ; mais gardons-nous de mêler la religion à la politique ou à l'école, comme le dit admirablement M. Crémieux dans son discours, parce que nous ne devons pas porter un élément de discorde là où il nous faut l'union la plus intime pour la grandeur de la patrie. C'est donc à la tolérance et à la liberté pour tous que ces illustres républicains nous convient ; c'est a répandre l'instruction sans distinction de race, de classe, de rang ou de fortune, qu'ils nous poussent ; c'est à servir enfin la République progressive qu'ils nous appellent.

Ces discours auront assurément un grand retentissement dans les colonies. Ils seront lus et médités avec fruit. Comment en serait-il autrement ?

Est-ce que ces hommes, qui nous tiennent un langage aussi patriotique, aussi humain, aussi républicain, ne sont pas les vrais amis des colonies ? Qui donc a aboli l'esclavage ? Qui s'est constamment préoccupé de l'avenir moral, intellectuel et matériel des colonies? Qui a appelé les colonies à vivre de la même vie que la Mère-Patrie? Qui nous a donné nos droits de citoyens français? Ces mêmes hommes ou leurs devanciers, ou leurs émules dans la grande phalange philanthropique. Nous devons suivre les conseils qu'ils nous donnent, sous peine de compromettre nos intérêts les plus sacrés. Nous devons leur témoigner notre reconnaissance par un zèle infatigable à propager les idées républicaines, à combattre l'indifférence, à porter, par nos efforts persévérants de tous les jours, quelles que soient les rudes épreuves et les déceptions qui peuvent nous attendre encore, un concours efficace au progrès moral. Nous avons la République; mais pour les colonies encore plus que pour la France, il faut redoubler d'activité, ne jamais désespérer ni s'abandonner, si nous voulons obtenir au plus vite des lois constitutionnelles un régime de justice, de liberté et d'égalité.

Oh! que nous voudrions pouvoir faire passer dans l'âme de nos lecteurs les sentiments qui nous ont agité pendant cette célébration de notre grand anniversaire et leur inspirer la résolution de célébrer, dans chaque colonie, cette date mémorable de l'abolition de l'esclavage, une des plus belles de notre histoire!

Il y avait là plus de soixante Créoles de toutes nos colonies, vieux et jeunes, riches et pauvres, étudiants, médecins, pharmaciens, rentiers, propriétaires, commerçants, mulâtres, noirs et blancs, confondus fraternellement dans une même pensée d'union et d'amour de la Patrie et de la République. C'était bien là la représentation exacte de la société coloniale dans tous ses éléments ! Quelle unanimité de sentiments ! quel enthousiasme ! quel charme ! Tout le monde se comprenait. Aux acclamations qui accueillaient chaque discours, on aurait dit qu'on se devinait ; il semblait que ce n'était pas tant des pensées propres à chaque orateur qu'on entendait, que la pensée collective qu'un seul avait le bonheur d'exprimer. Et puis, comme dominant le tableau, on voyait la figure souriante de cet homme grave et austère, qui a donné sa vie à toutes les causes justes. Ceux qui cherchent la récompense de services rendus dans les honneurs et les positions lucratives auraient compris, s'ils avaient pu assister à ce touchant spectacle, que l'homme désintéressé trouve dans l'estime de ses concitoyens une récompense assez belle pour qu'il soit dispensé d'en désirer d'autres.

GERMAIN CASSE.

Paris (Bel-Air), 20 mai 1875.

27ᶜ ANNIVERSAIRE

DE

L'ABOLITION DE L'ESCLAVAGE

COMPTE RENDU DU BANQUET

Le troisième banquet pour célébrer l'anniversaire de l'abolition de l'esclavage a eu lieu mercredi, 5 mai, sous la présidence de M. Victor Schœlcher. La réunion était plus nombreuse encore que l'an dernier ; il y avait environ soixante-dix convives. Les députés des colonies, MM. Laserve, de Mahy, Godissard et Germain Casse étaient présents. MM. Marck et Lafon de Fongaulfier n'ont pu, à leur grand regret, prendre part à la fête.

Auprès de M. Schœlcher étaient assis MM. Crémieux, Louis Blanc et Albert, qui avaient déjà assisté au banquet l'année dernière, ainsi que MM. Jules Simon et Emmanuel Arago, qui s'y trouvaient pour la première fois cette année. MM. Victor Hugo, de Rémusat, Paul de Gasparin, Glais-Bizoin, Garnier-Pagès, Duclerc, de Lasteyrie, l'amiral Pothuau, s'étaient excusés. M. Gambetta était dans le Midi de la France depuis quelques jours. Toutes les colonies étaient représentées ; il serait impossible, on le comprend, de citer tous les noms.

M. le Président donne lecture des lettres de ceux qui n'ont pas pu venir à la réunion, parmi lesquelles on peut citer celle de M. Chesson, secrétaire de la Société de protection des Aborrigènes à Londres :

Monsieur, comme il sera impossible pour la Société de protection des Aborrigènes d'être représentée au banquet du 5 mai, nous espérons que vous voudrez bien exprimer à vos distingués Associés l'expression de notre plus profonde sympathie pour leurs heureux efforts dans l'émancipation des nègres. Nous sommes sûrs que vous continuerez votre œuvre en vous élevant avec énergie contre toute tentative de restauration de l'esclavage sous la forme insidieuse de contrat du travail.

M. Victor Schœlcher. — Mes chers Concitoyens, après avoir lu ces lettres, je dois vous parler des autres invités que vos délégués ont eu l'honneur de voir personnellement et qui n'ont pu venir. D'abord, M. Jules Lasteyrie ; il a exprimé le regret qu'un deuil de famille l'empêchât de se joindre à nous. M. Jules Lasteyrie, que je m'honore de pouvoir appeler mon ami, est un des nobles vétérans de la sainte cause de l'abolition (*Applaudissements*). Pendant de longues années, il l'a servie avec une constance infatigable à la tribune de la Chambre des députés. Personne plus que lui et M. Paul Gasparin n'ont contribué à amener le jour de la grande délivrance dont nous célébrons l'anniversaire. Le brave amiral Pothuau aussi n'a pu répondre à l'invitation que vous lui avez fait porter. En l'invitant, vous avez rendu un juste hommage au ministre de la marine et des colonies, qui a toujours apporté dans l'administration de nos départements d'outre-mer un esprit libéral, généreux et plein d'impartialité (*Applaudissements*).

Maintenant, mes chers Concitoyens, avant de nous mettre à table, laissez-moi vous remercier, vous exprimer toute ma vive gratitude pour le grand honneur que vous m'avez fait en m'appelant à présider ce banquet. Quand je vois ceux qui m'entourent, je suis embarrassé d'occuper une telle place, mais c'est une raison de plus pour moi d'être profondément touché de la bienveillance que vous m'accordez.

———

Après le repas, M. VICTOR SCHŒLCHER s'est levé et a dit :

Le repas est terminé ; nous allons d'abord entendre notre jeune ami M. César Lainé, que vous avez chargé de souhaiter la bienvenue à nos hôtes.

M. CÉSAR LAINÉ.—Messieurs, je viens vous remercier au nom de toute la jeunesse créole d'être venus prendre place au banquet que nous offrons à M. Schœlcher, notre vénéré député, en souvenir de cette date mémorable de l'abolition de l'esclavage. Comme le grand Arago, comme Ledru-Rollin, comme Lamartine, vous avez été les apôtres de cette grande œuvre de réparation, de justice, d'humanité, et les colonies n'oublieront jamais ni les noms de ceux qui ont signé le décret de l'abolition, ni les paroles pleines d'émotion véritable et de véritable grandeur par lesquelles vous avez annoncé au monde qu'à tout jamais avait cessé d'exister cette révoltante iniquité, ce crime en face duquel la conscience de notre chère patrie, de cette France si grande, si généreuse, si prompte à s'émouvoir, semblait en deuil (*Applaudissements prolongés*).

Oui, par son décret du 27 avril, la République de

1848 a fait des hommes libres et des citoyens de tous ces misérables qui gisaient dans la servitude, et que, depuis des siècles, on avait pour ainsi dire chassés de l'espèce humaine. La réaction détruisit bientôt une partie de votre œuvre, et c'est au gouvernement du 4 Septembre que nous devons le rétablissement du suffrage universel, car la République a toujours reconnu spontanément nos droits (*Bravos*).

Je bois, Messieurs, à la République, à tous ces vaillants lutteurs de 1848 et à ceux qui ne sont plus. Je bois au gouvernement de la Défense nationale, à M. Jules Simon, qui, sous l'Empire, a protesté contre ce nouveau 2 décembre, dont la Réunion fut victime, et qui, dans un remarquable discours, a revendiqué hautement les droits des colonies à être représentées dans la métropole; à M. Emmanuel Arago, qui porte si dignement le grand nom de son père; à ceux qui n'ont pu assister à cette fête de la famille coloniale; à MM. Victor Hugo, Gambetta, Garnier-Pagès, de Lasteyrie et de Gasparin; à MM. Louis Blanc, Albert, Crémieux; à vous tous, Messieurs, qui donnez aux colonies ce témoignage de vos sympathies, Et, croyez-le, c'est pour nous un grand exemple d'émulation et de courage de voir notre cause défendue par tant d'hommes de talent, de génie et de cœur! (*Applaudissements longs et répétés.*)

M. Victor Schœlcher. — Je donne la parole pour répondre, au nom des invités, à notre ami Emmanuel Arago, le fils du grand François Arago, à qui revient, comme ministre de la marine et des colonies du Gouvernement Provisoire, le premier honneur des décrets d'abolition (*Applaudissements*).

M. Emmanuel Arago. — Messieurs, si la parole de Schœlcher ne m'imposait pas un devoir, je me garderais bien de me lever le premier pour répondre au discours que nous venons d'entendre. Vous célébrez, en effet, le glorieux anniversaire de l'abolition de l'esclavage, et je vois près de moi trois membres du Gouvernement Provisoire de 1848, trois citoyens qui ont eu l'honneur de signer les mémorables décrets d'abolition. Quand, donc, je me lève avant eux, c'est parce que le nom de mon père François Arago retentissait tout à l'heure dans cette enceinte (*Bravos*); c'est que, profondément ému de ce cher souvenir, je veux vous exprimer ma vive gratitude. Oui, ne vous trompez pas sur le sentiment qui m'anime. Nous ne sommes point, nous, les Républicains, de ceux qui croient que, dans la carrière politique, on doive justement succéder à son père (*Très-bien, très-bien!*); je n'admets pas ces hérédités-là ; mais, lorsqu'on s'efforce de suivre une tradition de famille ; quand on veut énergiquement ce qu'a voulu son père ; quand on se dévoue comme lui au progrès social, à la noble et grande cause des franchises humaines, on peut alors penser que, du père au fils, s'établit un lien solidaire ; et le fils, parfois, peut oser se faire l'interprète de celui qui n'est plus (*Apptaudissements répétés*).

Maintenant, Messieurs, je ne voudrais pas retarder, fût-ce de cinq minutes, ce que vous attendez avec impatience, le plaisir d'entendre Crémieux, d'entendre Jules Simon, d'écouter Louis Blanc ; je n'ajoute qu'un mot à mes remerciements : — Vous avez eu raison, Monsieur Lainé, de regarder l'abolition de l'esclavage et l'existence de la République comme étroitement unies. Les libertés se tiennent. L'esclavage a été aboli en 1848 par le même gouvernement qui donnait à la France le suffrage universel (*Bravos*). Noirs et blancs ont été affranchis, émancipés ensemble. Et c'est encore, songez-y, un gouvernement républicain, le Gouvernement du 4 Septembre, — celui-là, j'en étais, — qui vous a restitué vos droits de citoyens (*Applaudissements*). Quel éminent service nous nous sommes rendus en agissant ainsi ! Vos députés, —je les nommerais tous, s'ils ne siégeaient à cette table, — sont évidemment parmi nous, dans l'Assemblée nationale, les égaux des meilleurs (*Applaudissements*).

Buvons, Messieurs, à la liberté des colonies et à la République ! (*Applaudissements prolongés.*)

M. LE PRÉSIDENT donne la parole à M. Germain Casse, qui a été chargé de porter un toast au Président.

M. GERMAIN CASSE.— Mes chers Concitoyens, je vous propose de boire à la santé de notre président, M. Victor Schœlcher.

Je suis mal à l'aise pour parler de notre président en sa présence. Si je disais tout ce que j'en pense, je craindrais de dépasser la mesure que sa modestie républicaine me commande de garder. En le louant devant lui, comme je le devrais, je risquerais de paraître un flatteur. Ce ne serait digne ni de lui, ni de cette assemblée, ni de moi. Mais j'ai le devoir de dire, dans une réunion de Créoles, où noirs, mulâtres et blancs se trouvent fraternellement confondus, quelle fut la pensée dominante de cet homme de bien pendant sa longue carrière, afin d'en tirer un précieux enseignement pour nous, dont il restera toujours et le maître et l'ami (*Marques nombreuses d'approbation*)

Il ne faut pas cesser de le répéter,—car chacun

doit porter sa part de responsabilité dans l'histoire,—c'est l'esprit clérical qui a établi dans les colonies françaises cette honteuse institution de l'esclavage (*Bravos prolongés*). La monarchie, dans la personne de Louis XIII, hésita un moment à consommer cet attentat contre la nature humaine. Mais comme la monarchie est, par son essence, la vassale de l'église, Louis XIII se rendit aux pressantes sollicitations de ceux qui lui montraient dans l'esclavage un moyen infaillible, et le seul qu'il y eut, pour inspirer le culte du vrai Dieu aux Africains, les retirer de l'idolâtrie et les faire persévérer jusqu'à la mort dans la religion chrétienne qu'on les forçait à embrasser (*Applaudissements*).

La philosophie, au contraire, cette grande et large philosophie humanitaire que le dix-huitième siècle a répandue dans le monde, et dont nous avons ici quelques illustres interprètes (*Bravos*), cherchait la régénération et le salut de la société dans le développement physique, intellectuel et moral de tous, dans le respect de soi-même et des autres, dans l'épanouissement de la conscience, dans l'affranchissement du travail, en un mot dans la justice et le droit. De là ce grand mouvement émancipateur qui conduisit la France à la République (*Applaudissements*).

Ainsi donc, d'un côté l'esprit clérical avec sa logique infernale qui mène à la servitude ; de l'autre l'esprit philosophique qui nous convie à la liberté ; d'un côté l'esclavage, de l'autre l'abolition de l'esclavage. C'est ce triomphe de l'esprit philosophique sur l'esprit clérical, de la République sur la Monarchie que nous fêtons aujourd'hui (*Vive approbation*).

C'est pour avoir fait consister l'honneur de sa vie dans l'adhésion sans réserve à ce double principe philosophique et républicain, théorique et pratique, que l'on a vu M. Victor Schœlcher consacrer sa fortune et ses plus belles années à courir les mers, à visiter nos chères colonies, que l'esclavage ternissait, pour délivrer des milliers d'êtres humains et les faire naître à la vie de famille et d'hommes libres (*Bravos*). Quand il avait accompli cette tâche glorieuse, qui suffirait à illustrer un homme, athlète infatigable, il luttait pour la liberté contre le crime triomphant, préférait la cause des vaincus et révélait, dans l'exil, un de ces caractères qui grandissent le plus la France aux yeux de l'étranger (*Longs applaudissements*). Puis, aux heures du danger, quand la patrie agonisante subissait des humiliations que l'empire seul pouvait lui faire connaître (*C'est vrai! c'est vrai!*) il venait prendre sa place au poste avancé du combat, malgré son grand âge et les rigueurs d'un hiver exceptionnel (*Bravos enthousiastes*).

Maintenant, qu'ai-je besoin de faire l'éloge d'un tel homme? Ses actes parlent assez haut. Sa vie a été bien remplie. Dévouement inaltérable à la patrie, à l'humanité, à la République! Quel plus bel exemple peut-on offrir aux nouvelles générations? Et comment mieux honorer M. Victor Schœlcher, comment mieux lui témoigner notre reconnaissauce pour tout le bien qu'il a fait aux colonies et aux créoles, qu'en nous efforçant de suivre une si noble trace? (*Très-bien! trèsbien!*)

Oh! mon vénéré maître et bien cher ami, puisque vous voulez me permettre de vous donner ce nom, laissez-moi, comme créole, vous remercier d'avoir régénéré les colonies (*Très-bien! très bien!*); comme blanc vous bénir d'avoir lavé ma race d'une souillure (*Applaudissements et acclamations*); comme patriote et républicain, vous dire que vous avez bien mérité de la partrie et de la République (*Bravos*); de la République, qui seule peut assurer l'ordre véritable et la paix ; l'ordre, basé sur l'instruction égale pour tous, sur le respect de la famille, sur le travail dégagé de toute entrave ; la paix, basée sur la grandeur de la France et sur sa légitime influence dans le monde (*Applaudissements répétés*).

Je bois à la santé de Victor Schœlcher ! Puisse-t-il présider le banquet colonial pendant de longues années encore. (*Tout le monde se lève et trinque au milieu de la joie la plus sincère.*)

M. PEULEVEY (né à Pondichéry, habitant le Havre) remercie, au nom des blancs, M. Germain Casse d'avoir prononcé un tel discours.

M. VICTOR SCHŒLCHER. — Je ne sais comment remercier M. Germain Casse, qui a bien le droit vraiment de m'appeler son ami, des paroles trop flatteuses qu'il vient de prononcer, ni comment vous remercier, mes chers concitoyens, de l'accueil que vous leur avez fait; j'en suis ému jusqu'au fond du cœur (*Bravos*). Mais, permettez-moi de rapporter une grande part de ce qui a été dit à deux hommes qui ne sont plus et que nous n'oublierons jamais : à Perrinon, cet officier plein d'avenir, qui aima mieux briser son épée que de servir le criminel du 2 Décembre, et au doux, au bon, au bienveillant Pory-Papy (*Applaudissements*). Dans ce que j'ai pu faire pour l'abolition de l'esclavage, tous deux ont toujours été nos fervents collaborateurs (*Applaudissements*).

Je ne veux vous dire que quelques mots encore. En voyant les hôtes illustres que vous avez invités, je comprends que vous soyez impatients de les entendre. Laissez-moi vous féliciter d'avoir si bien compris la reconnaissance que doivent les colonies aux hommes de 1848, qui leur ont donné le suffrage, et à ceux de 1870, qui le leur ont rendu et qui ont assuré ainsi leur prospérité morale et matérielle. On ne peut nier de bonne foi maintenant que l'émancipation n'ait été un immense bienfait pour les colonies, non pas seulement au point de vue moral, mais sous le rapport économique. Les récoltes de sucre de la liberté sont plus abondantes que celles de l'esclavage. (*Très-bien! très-bien!*)

Il reste encore beaucoup à faire, mes chers concitoyens. Nous n'en avons pas fini avec cette question de l'esclavage. C'est vers la terre qui fournit les esclaves que doivent tourner les efforts de la philanthropie. La traite des noirs a cessé à la côte occidentale d'Afrique, mais elle se continue à la côte orientale avec toutes ses horreurs. Puisse-t-il se former une nouvelle société d'abolition qui joindrait ses efforts à ceux des sociétés anglaises pour travailler à l'extinction de l'esclavage en Afrique (*Bravos*).

Je termine en me félicitant de voir ici unis dans un sentiment fraternel des hommes des différentes classes de la France d'outre-mer : c'est un témoignage de la fusion de plus en plus complète entre les divers membres de la famille coloniale. Nous devons tous nous en réjouir. C'est un pas de plus vers la fraternité universelle (*Applaudissements*).

M le Président donne la parole à M. Crémieux.

M. Crémieux. — Mes amis, laissez-moi vous dire, avec toute la joie que j'éprouve, le premier souvenir que rappelle à mon esprit et à mon cœur cette réunion fraternelle.

C'est aujourd'hui le 5 mai. Le 5 mai! quelle date pour notre histoire! pour votre histoire! (*Mouvement général.*)

Napoléon mourut le 5 mai ! A cette grande pensée de notre première Constituante, qu'elle avait exprimée dans cette belle parole : l'*Esclavage est aboli*, il avait osé substituer cette abominable parole : l'*Esclavage est rétabli !*

Et l'esclavage fut, en effet, rétabli, et à nos frères que l'immortelle Assemblée avait dotés de la liberté qui appartient à tous les hommes, de l'égalité naturelle qui appelle la plus douce de toutes les vertus : la fraternité...., il avait dit : « Retombez dans l'abîme de l'esclavage, » et l'abîme s'était r'ouvert, et quand la mort vint le frapper, l'esclavage, avec ses douleurs et sa honte, se maintint un quart de siècle encore (*Bravos prolongés*).

Mais écoutez, mes amis ; il mourait esclave des Anglais, lui qui avait décidé votre esclavage (*Applaudissements*). Il mourait le 5 mai 1821, et ce fut le 5 mai 1848 que notre République, reprenant sa magnifique parole, décrétait : l'*Esclavage est aboli !* La réparation à l'humanité éclatait en quelque sorte sur la tombe de celui qui l'avait si cruellement outragée. Un même anniversaire réunissait le jour de la mort du destructeur et le jour du triomphe des victimes (*Applaudissements longs et prolongés*). Vint, hélas ! le second Empire, le dernier Empire ! (*Oui, oui, le dernier !*) Le neveu n'eut pas l'audace de l'oncle : il ne vous tenait pas sous la chaîne, il vous enleva vos droits de citoyens, vous n'eûtes pas de représentants à l'Assemblée nationale ; mais la République se relève en 1870, et le gouvernement tend à nos chers colonies sa main fraternelle. C'est nous, mes amis, c'est nous qui vous restituons encore le plus beau de vos droits, celui d'envoyer à l'Assemblée nationale les hommes de votre libre choix (*Bravos enthousiastes*).

Et si nous avons eu l'excellente idée, vous nous

en avez merveilleusement remercié. Vous avez choisi les meilleurs d'entre les meilleurs parmi vous (*Applaudissements*). Oui, les représentants de nos colonies se sont montrés à la hauteur de cette grande et belle mission (*On applaudit*). M. Crémieux dit, en souriant : Applaudissez, Messieurs, je veux ma part de ces applaudissements (*Rires et bravos*).

Le gouvernement de 1848 et le gouvernement de 1870 sont représentés à cette fête de famille : j'ai eu le bonheur de faire partie de l'un et de l'autre gouvernement républicain. Messieurs, vos bonnes élections ont été la plus belle récompense pour nous, la riposte la plus dure à vos ennemis. Et à ce propos, est-ce qu'ils n'ont pas la malheureuse idée de vous enlever, pour la troisième fois, vos représentants à l'Assemblée nationale, cette fois à la Chambre des députés ? Recommencer le second Empire ! non, non, ils n'obtiendront pas cette honteuse victoire ; ils ne l'obtiendront pas, et, dans ces nouvelles élections, la France retrouvera dans vos élus ces dignes athlètes qui ont montré tant de patriotisme et de fermeté républicaine (*Triple salve d'applaudissements*).

Et ce qu'il y a de plus curieux, c'est qu'en proposant de vous enlever vos députés, on consent à vous faire place dans le Sénat. Quoi? vous pouvez être sénateur ! Mais le Sénat pour eux, c'est la Chambre sociale, la première Chambre ; la Chambre des députés ne vient qu'en second. Les députés, ce sont les petits élus, envoyés à la Chambre par la masse ; les sénateurs, sont les grands, élus par des électeurs choisis ! Ainsi, ils ne veulent pas que vous soyez petits, mais ils consentent à ce que vous soyez grands ! (*Hilarité et bravos.*)

Mes amis, mes frères, si j'éprouve un si grand bonheur à vous voir libres et citoyens pour toujours, c'est que je sens, mieux que mes collègues et autant que vous, chers nouveaux venus, cette transformation de l'esclave en homme libre, du déshérité en citoyen. Vous avez entendu notre jeune orateur, Germain Casse, l'un de vos élus, si digne de votre choix, vous signaler éloquemment que le cléricalisme avait établi l'esclavage des colonies ; mais moi qui vous parle en ce moment, *je suis israélite*, oui je suis juif (*Hilarité générale*). J'appartiens à cette race antique persécutée pendant tant de siècles par les haines religieuses ; comme à vous, la Constituante de 90 a dit à mes pères : « Soyez libres ! soyez citoyens !» Jugez quelle était ma joie, lorsqu'un demi-siècle plus tard, membre du gouvernement de la France, je pouvais vous dire : « Soyez libres ! soyez citoyens !... (*Applaudissements longs et répétés.*)

Nous voilà donc frères, égaux en droits, égaux en droits indestructibles. La France a parlé. (*Bravos*). Pour vous montrer de plus en plus digne de cette légitime réparation, il faut, Messieurs, que les jeunes, parmi vous, se livrent à l'étude, au travail de l'esprit, de l'intelligence. Il faut qu'ils arrivent à en savoir autant que les plus instruts parmi nous. (*Très-bien ! très-bien !*) Et vous, pères de famille, et je m'adresse à tous nos chers Colons, remplissez un devoir qui vous est plus particulièrement imposé. Instruisez vos enfants ; dans tous les centres de population, ouvrez des écoles, rendez-les obligatoires, et, pour donner l'instruction publique aux pauvres, rendez-les gratuites. Riches, soutenez les pauvres, afin que ce pieux devoir s'accomplisse pour tous. Il est si doux d'employer, pour obtenir de si grands résultats, ce que la fortune permet de donner. Propagez la lumière au milieu de vos enfants ; n'oubliez pas qu'à leur tour ils seront, comme vous l'êtes aujourd'hui, la force et l'honneur de la République, dont ils sont aujourd-hui l'espoir. L'ignorance, qui diminue les facultés de l'homme, rend facile contre lui la domination tyrannique : l'instruction, qui élève le niveau de l'intelligence, rend la défense facile. On apprend le devoir et on l'accomplit. Et que je vous dise en finissant : Que vos écoles soient laïques (*Triple salve d'applandissements*). Ecartez des écoles, où tous vos enfants, sans distinction de culte, doivent se réunir, tout ce qui pourrait élever des prétentions de supériorité de races par la religion. Mes enfants, il y a deux choses dans ce monde : le bon Dieu et les hommes. Laissons au bon Dieu ce qui appartient au bon Dieu ! Il est là-haut ; gardons-nous de le mêler à nos passions d'en bas (*Bravos !—Applaudissemeuts*). Hommes, occupons-nous de nos devoirs d'hommes, de citoyens. Faisons de la politique, il le faut ; mais donnons une bonne instruction, qui fasse de nos enfants des hommes dévoués à la patrie. Nous sommes libres, nous sommes égaux, souvenons-nous que nos pères républicains avaient compris que la fraternité devait resserrer l'égalité, et qu'appuyée sur l'union fraternelle de citoyens égaux, la liberté ne pouvait périr.

Chers concitoyens, je bois à la fraternité, à l'égalité, à la liberté, notre devise républicaine ! (*La fin de ce discours est couvert d'applaudissements enthousiastes.*)

M. LE PRÉSIDENT.—La parole est à M. Jules Simon.

M. JULES SIMON. — Je vous remercie, Messieurs, de m'avoir invité à ce banquet de la famille coloniale, pour deux motifs : le premier, c'est que vous m'avez fait assister à un grand et beau spectacle ; ce qui me frappe surtout, dans cette réunion, c'est que, vous Créoles, vous êtes presque tous jeunes, tandis que, nous autres, vos invités, nous sommes tous vieux (*On rit*). C'est toujours un bon signe pour la jeunesse d'aimer et de respecter l'âge mur. Cela prouve que vous êtes reconnaissants des services rendus par vos aînés, que vous appréciez le bien qu'ils ont essayé de vous faire, et que vous êtes résolus à les imiter (*Applaudissements*). Soyez plus heureux que nous. Nous avons consumé notre vie pour donner à notre pays le principe républicain ; vous aurez la tâche moins dure et plus glorieuse de lui donner les mœurs républicaines.

Le second motif, qui me rend heureux de me trouver au milieu de vous, c'est que vous fêtez Victor Schœlcher, mon vieil ami, un ami de cœur, un ami de parti (*Bravos*). Après le plaisir de bien faire, il n'y en a pas de plus grand que de rendre hommage à une noble vie. Nous ne nous trouvons pas ensemble, lui et moi, sans nous rappeler 1848, et le groupe d'amis qui faisait avec nous le *National*. Les journaux étaient alors militants, dans toute l'acception du mot. Le parti n'était pas riche ; le journal était généreux. Les jeunes, les proscrits s'adressaient à nous, quand quelquefois nous avions de la peine à payer les dépenses de la journée. Schœlcher était notre grande ressource, avec Goudchaux, avec Ch. Thomas, avec Kestner ; on n'avait pas besoin de lui demander. Nous en vînmes à avoir peur de lui. Il donnait trop ! (*Hilarité et bravos*). Goudchaux me disait : « N'en parlons pas à Schœlcher, je trouverai ailleurs ». Tous nos amis d'alors,—ceux qui restent,— vous raconteraient cela. Il était aussi prodigue de son sang que de sa fortune.

Quand la seconde République sombra, nous eûmes d'abord, vous le savez, pendant deux jours, des massacres. Puis vinrent, pendant des années, les commissions mixtes, les proscriptions pour cause de fidélité à la loi, les transportations. Nous parcourions les boulevards le 2 et le 3 décembre, au milieu d'une foule énorme, sous une pluie de feu. A chaque heure, on nous jetait le nom d'un martyr. Victor Hugo voulait se faire tuer. « Mon cadavre sera un drapeau ! » Schœlcher allait au-devant de la troupe, souriant, calme comme vous le voyez-là, sans armes, les bras ouverts. « Nous sommes la loi, disait-il, la République, la fraternité. » Un officier détourna le canon des fusils..... Je vois bien qu'il veut m'empêcher de parler. Mais je n'ai pas besoin de votre permission, mon cher ami ; et ces jeunes gens, ces enfants de nos colonies, m'en voudraient de me taire (*Acclamations prolongées*).

Vous savez mieux que moi ce qu'il a fait pour l'abolition de l'esclavage (*Applaudissements*). Il vous disait tout à l'heure que tout n'est pas fait (*Non ! non !*). Il me semble au moins que nous avons un bon commencement (*Hilarité générale*). Schœlcher voudrait créer une nouvelle association pour détruire les derniers vestiges de la traite. A la bonne heure ! Il faut s'associer pour faire le bien tant qu'il reste du bien à faire. Mais pendant qu'il nous parlait ainsi, savez-vous à quoi je pensais ? C'est qu'il y a un autre esclavage que celui des noirs, et, pour les noirs eux-mêmes, une autre liberté à conquérir que la liberté légale. Etre libre, est un grand bien, Messieurs ! Savoir être libre, est le plus grand de tous les biens ! (*Longs applaudissements*).

Il n'y a pas ici d'anciens esclaves, vous êtes trop jeunes. Mais il y a peut-être, qui sait, des enfants d'esclaves ? En tout cas, vous avez vu des affranchis et des fils d'affranchis, et par conséquent, vous me comprenez quand je dis qu'on ne possède réellement la liberté que quand on est capable d'en comprendre et d'en exercer les droits (*Très-bien !*).

Il reste des esclaves dans les colonies après l'émancipation, s'il y reste des ignorants. Et de même dans le monde entier. Ignorer ses droits, ou n'en pas connaître la mesure ; les connaître théoriquement, mais ne pas savoir qu'ils sont consacrés par la loi, et par quels moyens ils peuvent être garantis ; ne pouvoir, faute de culture, tirer parti de son intelligence; être réduit à la force physique, quand on est homme, et par conséquent appelé à être une force intellectuelle ; n'avoir pas en soi le moyen de discerner entre la vérité et l'erreur; dépendre pour tous les actes de la vie, des lumières et de la volonté des autres : je vous le demande, n'est-ce pas subir un véritable esclavage ? (*Bravo! bravo !*)

Que celui qui a la science à côté de lui, à sa portée et ne s'efforce pas de l'acquérir, n'accuse que lui de son malheur ! Mais pour que la société soit absoute, il faut qu'elle ouvre partout des écoles, qu'elle ne les ouvre pas seulement pour les riches, qu'elle donne à chacun l'enseignement dont il est capable (*Très-bien!*), et à tous les hommes indistinctement l'instruction élémentaire, dont tous les hommes sont capables. Il ne suffit pas qu'elle ouvre des écoles, il faut qu'elle aille chercher ceux qui ne seraient pas avertis, et qu'au besoin, elle les contraigne. Non! Non ! ce n'est pas attenter à la liberté que de donner aux hommes la capacité d'être libres ; de forcer les hommes à être des hommes. Voilà, Messieurs, une autre Association à former pour l'abolition de l'esclavage. Celui qui voit, celui qui sait, ne peut plus être opprimé : il ne peut l'être, ni par le tyran, ni par le mensonge, ni par la superstition, ni par l'erreur. Ainsi donc, guerre au mensonge, à l'ignorance, à l'erreur.

C'est la lutte à laquelle je vous convie. Le droit est invincible dans celui qui connaît son droit. Vous adorez la liberté? adorez-en l'instrument, qui est la science. Vous êtes libres; vous voulez donner la liberté à vos frères? Donnez-la par la loi et par l'école. Semez la liberté avec la lumière!

M. Schœlcher invite M. Louis Blanc à prendre la parole.

M. Louis Blanc. — Messieurs, l'année dernière, à pareille époque, dans un banquet destiné, comme celui-ci, à célébrer l'anniversaire de l'abolition de l'esclavage, je rappelais combien ancienne était cette institution odieuse, et, après avoir montré quelle place énorme elle avait occupé dans l'histoire, je m'inclinais, plein de respect, devant les généreux penseurs qui en avaient poursuivi la ruine, saluant les héros véritables—ceux de l'avenir — non dans les ravageurs de provinces, non dans les saccageurs de villes, non dans les grands meurtriers qu'on nomme conquérants, mais dans les champions des peuples opprimés ou des races asservies, tels que Clarkson, Wilberforce, George Harrisson, William Allen, Wendell Phillips, l'abbé Grégoire, Brissot, Paul de Gasparin, de Lasteyrie, de Rémusat, et celui que j'appelai alors d'un nom que j'éprouve une douceur infinie à lui donner encore ce soir, notre Wilberforce à nous Français : Victor Schœlcher. (*Applaudissements répétés*).
De quelle force d'âme ces hommes de bien furent doués, quelle intrépidité d'esprit fut la leur, à quelle puissance de conviction ils durent obéir, l'étendue et la persistance du mal par eux combattu le disent assez. Pas de victoire plus difficile à remporter. Ils vainquirent cependant ; ils

vainquirent parce qu'ils furent au plus haut degré des hommes de principes et les hommes d'un principe ; parce qu'ils eurent un idéal auquel ils rapportèrent toujours leur culte du rélatif ; parce qu'ils furent affamés de justice, et que la sagesse consista, pour eux, à comprendre qu'entre l'*utilité* considérée au point de vue de l'universalité des intérêts et de la *justice*, il y a identité parfaite ; parce que, défenseurs éloquents des droits naturels, ils montrèrent tout ce que contient de menaçant pour les hommes libres la doctrine sur laquelle repose le système de l'esclavage.

Rien de plus désirable assurément, rien de plus nécessaire au bon ordre des sociétés que l'obéissance à la loi. Raison de plus pour qu'on n'affaiblisse pas l'autorité morale de la loi en prétendant que tout droit dérive d'elle, et d'elle seule. Car d'elle seule alors dériverait aussi la justice, qui est le respect du droit ; et le pire des tyrans, par cela seul qu'il aurait pouvoir de faire la loi, serait le représentant de la justice et son organe. Qu'un Caligula quelconque vous ordonne par décret de violer votre promesse, de mentir, de dénoncer votre ami, de trahir votre bienfaiteur, vous devrez obéir sans scrupule ! De même, s'il est décrété que certains hommes à peau noire deviendront la chose de certains hommes à peau blanche, cela sera juste, et il faudra tenir la main à ce que la justice ait son cours (*Bravos*).

Telle était l'affreuse théorie en vertu de laquelle fut proclamée, au son du tambour, dans toutes les îles françaises, l'ordonnance royale du mois de mars 1685, laquelle y organisait l'esclavage.

Le Code noir une fois promulgué, il fut légal et par conséquent juste que les nègres cessassent d'être des hommes pour devenir des animaux soumis au fouet du commandeur ; des instruments de travail, que sais-je? des meubles animés. Il fut légal et par conséquent juste que l'esclave en fuite pendant un mois eût les oreilles coupées et fût marqué d'une fleur de lys ardente à l'épaule, sauf à avoir, en cas de première récidive, le jarret coupé, et à être, en cas de seconde récidive, puni de mort. Il fut légal et par conséquent juste que, pour encourager la retraite, condition indispensable du recrutement de l'esclavage, on accordât, *sur les deniers du roi*, aux traficants de chair humaine une prime de dix livres par tête de nègre débarqué aux îles. Fort bien : place à ces vaisseaux négriers dont Stansfield dit qu'ils « contenaient dans un espace donné la plus grande masse de tortures et d'atrocités qui se puisse concevoir »; place à ces *bières ambulantes* — comme les appelait Mirabeau — qui formèrent par dessus l'Océan l'horrible pont sur lequel passaieut annuellement quelques 80,000 nègres volés en Afrique pour le compte de l'Amérique (*Applaudissements*).

Comment les nobles pensenrs dont je parlais tout à l'heure eurent-ils raison de tant d'iniquités? En invoquant bien haut, et toujours, et sans cesse, la notion de cette justice qui est antérieure à la loi et qui fournit le moyen de juger si elle est légitime. Ils prouvèrent que l'abolition de l'esclavage constituait, pour le genre humain, un intérêt infiniment supérieur à celui que telle ou telle métropole pouvait tirer de la possession de ses colonies et du surcroît de richesses résultant de la production du sucre par le travail forcé. Ils en appelèrent à ce sentiment de la justice, qui n'est que la perception *intuitive* de l'utile par tous les hommes, et la profondeur des convictions qui les animaient trouva son héroïque expression dans le cri fameux: *Périssent les colonies plutôt qu'un principe !*

Or, il est si vrai qu'au point de vue de l'université des intérêts, l'utilité se confond avec la justice ; il est si vrai que les abolitionnistes furent des hommes pratiques, précisément parce qu'ils furent des hommes de principes, qu'au succès de leur courageux apostolat les colonies doivent de n'avoir pas péri.

Depuis que dans l'Assemblée constituante, Malouët avait dit : « Si vous persistez à élever un trophée à la philosophie, attendez-vous à le composer des débris de nos vaisseaux et du pain d'un million d'ouvriers », sous combien de formes cette prédiction sinistre n'avait-elle pas été reproduite par les partisans de l'esclavage, et combien d'autres prédictions tout aussi effrayantes n'y avaient-ils pas ajoutées !

« Prenez garde, disaient-ils, prenez garde ! Si vous touchez à l'esclavage, adieu votre marine ! adieu vos débouchés ! c'en est fait des ressources qu'assuraient à l'agriculture et à l'industrie de la France ses possessions lointaines. Elle perdra ses colonies, et elle les perdra après y avoir déchaîné des passions furieuses, après y avoir livré les Colons au couteau des nègres, après avoir transformé de riches plantations de cannes et caféières en déserts peuplés de sauvages. »

En 1848, ces sombres prophéties avaient déjà perdu beaucoup de leur puissance sur l'opinion. Mais il était considérable encore, le nombre de ceux qui voulaient qu'on s'en tînt au système des atermoiements, des demi-mesures, des mesures dilatoires. Eh bien, Messieurs, ce sera l'éternel honneur de Victor Schœlcher et du gouvernement provisoire, qui n'hésita pas à partager ses vues, d'avoir compris qu'il fallait couper le mal par sa racine ; que le triomphe du droit n'était pas chose à marchander ; qu'à l'abolition immédiate la sagesse trouverait son compte autant que l'humanité, et que ce qu'il y avait au fond de la célèbre exclamation : « périssent les colonies plutôt qu'un principe ! » c'était ceci : « quelcs principes l'emportent, et les colonies ne périront pas ! » (*Bravos.*)

Et, en effet, je ne serai pas démenti par les hommes dont l'opinion fait autorité quand il s'agit des colonies françaises, je ne serai pas démenti par mes excellents collègues et amis Victor Schœlcher, de Mahy, Laserve, Germain Casse, quand j'aurai dit :

Que, loin d'avoir relâché le lien noué entre la France et ses colonies, l'abolition de l'esclavage l'a resserré ; (*C'est vrai !*)

Que rien n'égale la sollicitude filiale et le dévouement avec lesquels, sans distinction de classe, de couleur et d'origine, les colonies se sont associées, dans nos récents désastres, aux efforts de la mère-patrie, à ses émotions, à ses sacrifices, à ses périls ; que le régime de la servitude abolie ne les empêche pas de verser annuellement dans le Trésor national près de 50 millions de francs, d'entretenir avec la mère-patrie un commerce qui s'élève à près de 155 millions, d'employer plus de 5,000 navires ; et que les récoltes de la liberté, comme le disait tout à l'heure notre vénéré président, sont plus abondantes que celles de la servitude.

Non, non ; la vie d'un principe n'a pas été la mort des colonies.

La mort des colonies, Messieurs ? Eh ! mais elle serait sortie tôt ou tard des souffrances de la race noire changées en fureurs. Qu'on se rappelle la terrible nuit du 23 au 24 août 1791, à Saint-Domingue, et comment 100,000 nègres, torche en main, passèrent sur l'île ainsi qu'un torrent de feu, et quelles effroyables vengeances se donnèrent carrière, et quelles représailles, non moins effroyables, suivirent !

Ces horreurs furent-elles, comme on l'a dit, le résultat de la liberté offerte aux noirs par des réformateurs trop impatients ou téméraires? C'est le contraire qui est vrai (*Bravos*). L'insurrection éclata parce que l'Assemblée constituante n'avait pas osé pousser jusqu'à l'abolition de l'esclavage le respect des droits de l'homme. Le décret du 15 mai 1791 avait méconnu la corrélation intime qui existait entre l'émancipation politique des hommes de couleur nés de parents libres et l'affranchissement social des hommes de couleur nés de parents esclaves. C'était ne donner à la justice qu'une partie de son dû : ceux dont on abandonnait la cause se soulevèrent, et l'île de Saint-Domingue fut mise à feu et à sang.

Il n'est pas plus exact de prétendre que la France a perdu Saint-Domingue pour avoir voulu y établir la liberté : loin de là; c'est aux efforts faits par Napoléon Ier, pour y rétablir l'esclavage, que la France doit la perte de cette colonie.

Qu'on vienne donc, après cela, opposer la doctrine des intérêts à celle des principes. Comme si les principes n'étaient pas des intérêts, et des intérêts permanents! Comme s'il était vraiment sage, vraiment pratique, de subordonner ce qui dure à ce qui passe! Comme si les principes qu'on laisse dormir ne se réveillaient pas!

Il est, Messieurs, dans l'histoire de l'esclavage, un chapitre qui vaut qu'on le médite.

Nul n'ignore que, lorsque les fondateurs de la République américaine eurent à s'occuper d'une Constitution, la première difficulté qui se présenta fut de concilier avec l'unité du gouvernement fédéral l'indépendance locale de chacun des Etats confédérés. En réalité, deux souverainetés se dressaient face à face : celle de l'Union et celle des Etats. Il fallut faire sa part à chacune d'elles.

La première eut son expression dans une Chambre des représentants nommée par tout le peuple; la seconde, dans un Sénat où chaque Etat reçut le droit d'envoyer deux membres, quelles que fussent sa population, son étendue et son importance. C'est ainsi qu'aujourd'hui l'Etat de Delaware, qui n'a pas 116,000 habitants, a autant d'influence dans le Sénat que l'Etat de New-York, dont la population dépasse trois millions d'âmes. Qu'est-il résulté de là ? C'est qu'une nation de plusieurs millions d'hommes a pu être tenue longtemps en échec par une aristocratie de quelque trois cent mille possesseurs d'esclaves répartis entre quinze Etats, armés d'un pouvoir législatif hors de toute proportion avec leur nombre, et dont la domination était servie par la crainte d'un déchirement de l'Union.

Lorsque l'étrange arrangement que je viens de rappeler fut conclu, Jefferson était en France. De retour en Amérique, et se trouvant un jour à déjeuner avec Washington, il lui demanda : « Pourquoi donc avez-vous établi une seconde Chambre ? » — « Et vous, répondit Washington, pourquoi venez-vous de verser votre café dans cette soucoupe ? » — « Pour le refroidir, dit Jefferson. » — « Eh bien, reprit son illustre interlocuteur, c'est pour refroidir l'ardeur de la première Chambre que nous avons songé à en avoir une seconde. »

Hélas ! Washington ne prévoyait pas de quelle manière le Sénat des Etats-Unis remplirait son rôle de réfrigérant; il ne prévoyait pas que le procédé du Sénat des Etats-Unis, pour refroidir l'ardeur de la première Chambre, consisterait à voter l'injuste guerre du Mexique; qu'il procéderait par la spoliation à l'agrandissement de l'esclavage; que, la conquête des territoires arrachés au Mexique, une fois consommée, il laisserait systématiquement tomber, sans en tenir le moindre compte, l'acte par lequel la Chambre des représentants repoussait l'introduction de l'esclavage dans les territoires conquis; et que tout cela serait fait au mépris de l'opinion publique, un moment égarée par une fausse appréciation de l'utile, mais bientôt ramenée à la perception du juste par la généreuse éloquence des Théodore Parker et des Wendell Phillips.

Je m'arrête : ces lamentables souvenirs me mèneraient trop loin. Qu'il me suffise de constater que le Sénat des États-Unis fut la citadelle des esclavagistes, jusqu'au moment où un grand nombre de sénateurs quittèrent leur poste pour se joindre aux rebelles et continuer, l'épée à la main, la guerre que leurs votes avaient déclarée à la liberté humaine.

Car tel devait être, Messieurs, le fruit de cette sagesse trompeuse au nom de laquelle la République, en Amérique, avait souffert le contact de l'esclavage. Jefferson lui aurait épargné ce malheur, si on l'eût écouté. Mais il arriva que les hommes d'État auxquels la question fut posée par lui firent passer la considération d'un intérêt transitoire avant celle de ce grand intérêt permanent, la Justice. Jefferson échoua donc dans ses efforts pour l'émancipation des esclaves, faute d'être soutenu par des hommes aussi sincères, aussi honnêtes que lui, aussi pénétrés que lui des maux attachés à l'existence de l'esclavage, mais moins dominés par la logique de leurs principes. Si bien que, pour détruire le fléau dont il les conjurait de préserver la République naissante, il a fallu plus tard une guerre qui a inondé de sang le Nouveau-Monde, et où la fortune des États-Unis a été au moment de sombrer.

Oui, Messieurs, oui; s'il est une vérité qui ressorte de l'histoire de l'esclavage, c'est que la justice est la même chose que l'utilité, pour peu que l'on considère l'utilité, non pas dans sa signification restreinte, non pas dans son application à tel ou tel individu, à telle ou telle classe, même à tel ou tel peuple, mais dans son acception la plus haute, dans son caractère d'universalité et de permanence, dans son application au genre humain (*Applaudissements répétés*).

M. SCHŒLCHER. — Chers Concitoyens, vous êtes encore tous comme moi sous l'impression des magnifiques paroles des grands orateurs que vous venez d'entendre. Elles auront de l'écho dans toutes les colonies. Je ne m'aviserai pas d'ajouter un seul mot. Je me bornerai à vous exprimer de nouveau ma profonde gratitude pour le grand honneur que vous m'avez fait en m'appelant à présider cette fraternelle réunion ; mais puisque vous m'avez accordé cet honneur, il m'appartient comme président de proposer avant de nous séparer le toast que je vais porter.

A la République ! (*Bravos !*) à la vraie, la République avec des républicains ! (*Applaudissements répétés.*)

C'est une chose bien digne de remarque et qui témoigne de la grandeur morale, de la vérité des principes politiques que nous professons ; tous les hommes de génie de notre époque, Lamartine, Lamennais, François Arago, et, à côté d'eux, Eugène Sue, sont venus à la République. Ils ont commencé royalistes, ils sont morts républicains.

M. ARAGO. — Vous vous trompez, mon cher ami, en ce qui concerne mon père. Il était républicain depuis sa jeunesse. Etant à l'Ecole Polytechnique, il a voté contre l'empire (*Bravos*).

M. VICTOR SCHŒLCHER. — Je suis heureux de m'être trompé. Victor Hugo, lui aussi, qui porte l'auréole du génie, comme eux a commencé royaliste, et — que ce soit le plus tard possible ! — comme eux il mourra républicain.

N'est-il pas ainsi attesté au monde, par les révélations de tous ces grands esprits, que nous sommes dans la bonne voie, dans la vérité ; que la forme républicaine est destinée à devenir le gouvernement de toutes les sociétés humaines ? Mes chers concitoyens : A la République ! (*Triple salve d'applaudissements.*)

———

Après ce dernier toast porté, par M. Schœlcher, *à la République !* les convives ont quitté la salle du banquet, pour aller dans le salon de réception. La gaieté la plus animée, la cordialité la plus franche n'a cessé de régner dans cette soirée. C'était à qui rappellerait le souvenir des morts et des absents. Barbès et Lamartine, Gambetta et Victor Hugo, ont tour à tour été salués par les acclamations les plus vives au fur et à mesure que leurs noms étaient prononcés.

M. FOIGNET (de la Réunion) a bu à la députation coloniale. M. EMMANUEL ARAGO a parlé des services rendus par M. de Mahy à la commission de permanence. « Quand nous avions à défendre nos libertés françaises, dit-il, nous ne pouvions mieux nous adresser qu'à un député des colonies. » M. LASERVE a répliqué que les colonies ne pouvaient qu'être républicaines ; puisque la République est le seul gouvernement qui ait songé sérieusement à leur prospérité morale, intellectuelle et matérielle. M. SMESTER (de la Guadeloupe) a bu aux Haïtiens qui avaient bien voulu se joindre aux Créoles français pour fraterniser. M. LINSTANT (ancien ministre d'Haïti) a remercié en termes émus. M. SAGEBIEN a porté un toast à l'émancipation des esclaves à Cuba! M. LIMBO (de la Guadeloupe) a remercié les organisateurs du banquet, MM. Suffrin (de la Martinique), Foignet (de la Réunion), Jary (de la Guadeloupe), et a rappelé que c'est à l'initiative du docteur Lacascade, candidat aux prochaines élections de la Guadeloupe, qu'est due l'idée de ce banquet annuel. M. BOSSE (de la Réunion) a bu à la fraternité coloniale. M. LAHUPPE (de la Réunion) a bu à la fraternité des colonies avec la France, et a proposé de fonder à Paris un Cercle créole. Cette idée a été accueillie avec enthousiasme, et on a nommé une commission pour la mettre à exécution le plus promptement possible.

A onzes heures et demie, chacun s'est retiré, en promettant bien de ne pas manquer au banquet de l'année prochaine.

Le toast que M. Germain Casse, député de la Guadeloupe, a porté à M. Victor Schœlcher au banquet de la famille coloniale, a été l'objet d'attaques violentes de la part des journaux cléricaux, légitimistes et bonapartistes. L'*Univers* s'est distingué entre tous. Aussi M. Germain Casse a-t-il adressé à son rédacteur en chef, M. Louis Veuillot, la lettre suivante :

Paris-Saint-Mandé, dimanche soir,
9 mai 1875.

Monsieur le rédacteur,

Je n'ai appris qu'aujourd'hui seulement que vous aviez bien voulu vous occuper de moi dans votre numéro du 8 courant. Je me suis empressé de me rendre dans les bureaux de votre administration, pour acheter ce numéro que je n'ai pu me procurer nulle part. Vous l'avouerai-je ? je croyais trouver vos bureaux fermés (c'était dimanche). Il me répugnait de croire que le rédacteur qui dénonce tous les jours au bras séculier, comme un scandale à faire cesser, le travail du dimanche et des jours fériés, pût à son tour donner ce même scandale, travailler et faire travailler, vendre et trafiquer un jour consacré au Seigneur. Je me trompais, je dois le dire en toute humilité. Ne craignez-vous pas, monsieur, qu'une telle contradiction entre vos écrits et vos actes ne fasse douter de la pureté de vos intentions et de la sincérité de votre dévotion ?

J'ai donc acheté le numéro en question, et j'ai pris connaissance des lignes que vous me consacrez. Il y a dans cet article deux parts à faire. La première, d'injures grossières et de dénonciations dont vous semblez vouloir partager le monopole avec une certaine presse. Non pas, monsieur, que je sois blessé de vos injures. Quand je vous vois traiter des prélats comme M. Dupanloup dans la langue qu'on vous connaît, un libre-penseur aurait mauvaise grâce de se trouver offensé d'être si bien partagé. D'ailleurs, je ne sais pas d'auxiliaire plus puissant pour la propagande de la libre-pensée que la façon dont vous défendez l'Eglise. Sur le terrain des gros mots, permettez que je ne vous suive pas. Je m'incline devant votre supériorité.

Quant à ce qui touche à l'histoire et à la vérité des faits, souffrez que je m'y arrête. Vous m'accusez de calomnier l'Eglise ; j'ai le droit de vous répondre.

Vous dites que « *jusqu'ici l'on croyait généralement que l'influence de l'Eglise n'avait pas nui à l'abolition de l'esclavage, et que même elle y avait puissamment aidé...; que l'Eglise avait combattu l'esclavage, dont le paganisme avait fait une institution.* » Autant de mots, autant d'erreurs. Je le prouve par quelques citations dont les auteurs font autorité dans l'Eglise catholique.

1° Non-seulement l'esprit clérical n'a pas aboli l'esclavage là où il l'a trouvé établi, mais il l'a accepté et il l'a légitimé.

Quand je n'aurais pour moi que le passage de l'Evangile de Saint-Luc, ch. XII, v. 47, où il est dit que *l'esclave qui a connu la volonté de son maître et qui ne s'y est pas conformé, recevra force coups,* vous con-

viendriez avec moi que c'est une manière assez caté-
gorique de reconnaître l'esclavage et de le sanctionner.
Mais prenons les écrivains modernes du catholicisme.

M. Edouard Biot, qui est avec vous, dit formelle-
ment dans son livre sur l'abolition de l'esclavage
ancien en Occident : « Pendant ces trois premiers
» siècles, époque de persécution et de tolérance alter-
» rative pour le christianisme, nul, parmi ses défen-
» seurs et ses ennemis, ne parle de la suppression de
» l'esclavage comme conséquence de la doctrine nou-
» velle... *Les pères de l'Eglise comme les apôtres*
» *prescrivent la soumission même aux maîtres infi-*
» *dèles.* »

Bossuet dit dans son cinquième avertissement aux
protestants : « En général, et à prendre la servitude
» dans son origine, l'esclave ne peut rien contre per-
» sonne qu'autant qu'il plaît à son maître .. Aucun
» bien, aucun droit ne peut s'attacher à lui... De con-
» damner cet état ce serait entrer dans des sentiments
» que M. Jurieu lui-même appelle outrés... ce serait
» non-seulement condamner le droit des gens, où la
» servitude est admise, comme il paraît par toutes les
» lois, mais ce serait condamner le Saint-Esprit, qui
» ordonne aux esclaves, par la bouche de Saint-Paul,
» de demeurer en leur état et n'oblige pas leurs maî-
» tres de les affranchir... Tout un peuple peut être
» serf, en sorte que son seigneur en puisse disposer
» comme de son bien, jusqu'à le donner à un autre
» sans demander son consentement. »

M. Bouvier, évêque du Mans, prouve que le catho-
» licisme n'a pas défendu l'esclavage, *Religio christia-
na invenit servitum ubique existentem, illam non prohi-
buit.* Le saint évêque part de là pour déclarer que
« *Le trafic des esclaves n'est contraire ni à la religion,*
» *ni à l'humanité, ni à l'équité naturelle.* »

Voilà des textes nets, clairs et précis. Je pourrais
vous en donner beaucoup d'autres pour appuyer ma
thèse. Mais je me suis promis d'être le plus court possible.

2° L'esprit clérical a établi l'esclavage là où il
n'existait pas.

Le P. Labat dit dans son livre, *Nouveaux Voyages
aux îles d'Amérique*, à la page 114 du tome IV :

« C'est une loi très-ancienne que les terres soumises
» aux rois de France rendent libres tous ceux qui s'y
» peuvent retirer. C'est ce qui fit que le roi Louis XIII,
» de glorieuse mémoire, aussi pieux qu'il était sage,
» eut toutes les peines du monde à consentir que les
» premiers habitants des îles eussent des esclaves, et
» ne se rendit qu'aux pressantes sollicitations qu'on
» lui faisait de leur octroyer cette permission que
» parce qu'on lui remontra que c'était un moyen in-
» faillible, *et le seul qu'il y eût*, pour inspirer le culte
» du vrai Dieu aux Africains, les retirer de l'idolâtrie
» et les faire persévérer jusqu'à leur mort dans la reli-
» gion catholique, qu'on leur ferait embrasser, »

Vous n'ignorez pas, Monsieur, que l'esclavage se
recrutait parmi les malfaiteurs que les princes africains vendaient, parmi leurs prisonniers de guerre,
parmi les esclaves des princes et de leurs favoris, et,
enfin, c'était le plus grand nombre, parmi des hommes, des femmes et des enfants volés. Des voleurs sur-
nommés marchands se rendaient la nuit dans les vil-
lages, avec ou sans le consentement des princes ; ils en-
levaient tout ce qu'ils pouvaient attraper. On mettait
un bâillon aux hommes et aux femmes, on jetait les
enfants dans des sacs, et on conduisait tout ce bétail
humain aux comptoir des marchands, pour être mar-
qués d'un fer chaud et retenus dans les fers jusqu'au
départ d'un navire pour les îles.

Oh ! je sais bien que l'esprit clérical, qui reconnais-
sait l'esclavage, l'établissait aux colonies françaises,
organisait la traite des noirs, eut un scrupule bien lé-
ger, mais enfin il l'eut un moment — à propos du trafic des noirs volés. On proposa même en Sorbonne
les cas de conscience suivants :

1° Si les marchands qui vont en Afrique, pour acheter des esclaves, ou les commis qui demeurent dans
les comptoirs peuvent acheter des gens qu'ils savent
avoir été volés, *attendu que ce qui nous paraît un dé-
sordre est une coutume reçue chez ces peuples et autorisée par leurs rois ;*

2° Si les habitants de l'Amérique à qui les marchands les apportent peuvent acheter indifféremment
tous les nègres qu'on leur présente sans s'informer
s'ils ont été volés, ou *s'ils ont été vendus pour une*

raison légitime (la Sorbonne admettait qu'on pouvait être vendu pour une raison légitime) ;

3° A quelle réparation les uns et les autres sont obligés quand ils connaissent avoir acheté des nègres volés.

Ce faible scrupule de l'esprit clérical s'évanouit bientôt. La traite fut autorisée sans distinction de procédé. Et le P. Labat lui-même put, au nom de la mission à la Guadeloupe et à la Martinique, acheter à son aise des esclaves pour les riches sucreries des pieux missionaires.

3° L'esprit clérical a rétabli l'esclavage là où il avait été aboli.

La royauté meurt et avec elle l'esprit clérical; l'esclavage est aboli. Napoléon s'annonce, signe le Concordat, ouvre une ère nouvelle à l'esprit clérical, et l'esclavage est rétabli. Le décret qui rétablit le culte caltholique est du 7 avril 1802; le décret qui rétablit l'esclavage est du 19 mai 1802. Qui donc a seulement protesté parmi les vôtres, qui étaient alors tout puissants? Quand les jésuites ont été chassés de la Russie, en 1820, ils possédaient 22,000 serfs. En 1845, M. de Lasteyrie disait à la tribune française qu'il y avait beaucoup de prêtres qui possédaient des esclaves aux colonies. Ah ! comme disait M. Gustave de Beaumont, « si le possesseur d'esclaves était humain et » juste, il cesserait d'être maître ; sa domination sur » ses nègres est une violation continue et obligée de » toutes les lois de la morale et de l'humanité. »

Aujourd'hui même, à l'heure où j'écris ces lignes, n'est-ce pas la nation la plus catholique, l'Espagne, qui, seule dans le monde civilisé, possède des esclaves? Le pape a-t-il jamais protesté? Vos évêques ont-ils jamais protesté? Vous-mêmes avez-vous jamais écrit un mot en faveur des malheureux esclaves? Quand, il y a deux ans, un député a demandé à l'Assemblée nationale de formuler le vœu de voir l'esclavage aboli à Cuba et à Porto-Rico, quel accueil a-t-il reçu de vos amis? M. l'évêque Dupanloup et M. l'abbé Jaffré se se sont-ils levés, comme représentahts du catholicisme, pour soutenir cette motion ? Ont-ils fait entendre une parole de consolation et d'espérance ? — Répondez.

Et maintenant, dans votre impuissance à garder les âmes sous un joug d'ignorance et de servitude volontaire, faites appel à la force. On peut bien vous permettre ces réminiscences de l'inquisition. Cela ne fait ni peur ni mal. Et ce peut être utile.

Recevez, Monsieur, etc.

GERMAIN CASSE,
Député à l'Assemblée nationale.

L'*Univers*, n'ayant pas cru devoir insérer intégralement cette lettre, comme la loyauté le lui commandait, a reçu de M. Germain Casse la lettre suivante :

Monsieur le Rédacteur en chef de
l'*Univers*,

La simple bonne foi vous imposait le devoir d'insérer intégralement la lettre que je vous ai adressée tout récemment, afin de faire juge le public entre vous et moi. Vous avez mieux aimé continuer votre système de polémique qui consiste à tronquer avec intention les phrases de vos contradicteurs et à dire des grossièretés que votre charité chrétienne peut aimer, mais que la bonne éducation interdit rigoureusement. Vous ne mentionnez même pas les citations que j'ai faites de Bossuet et de M. Bouvier, évêque du Mans. Vous scindez à dessein la citation si importante du P. Labat, oubliant volontairement la partie probante contre vous, pour faire dire à ce dominicain le contraire de sa pensée, et essayer de me mettre aux yeux de vos lecteurs en contradiction avec moi-même. Je n'ai pas à qualifier ce mode de discussion. Je le constate, car il prouve que vous n'avez pas d'argument à m'opposer, autrement vous vous seriez empressé d'insérer entièrement ma lettre pour vous donner le plaisir de confondre un libre-penseur, puisque le malheur des temps ne vous permet pas de l'envoyer au bûcher.

La loi me donnait le droit d'exiger de vous l'insertion de ma lettre. Il ne m'a pas convenu de m'adresser à un huissier pour contraindre un journaliste au respect qu'il se doit à lui-même et qu'il doit au public.

Avant-hier vous m'avez consacré plus d'une colonne de votre journal. Je ne veux pas user encore du droit que me donne la loi de vous envoyer une réponse double de votre article. Je me contente de vous demannder l'insertion de cette courte protestation.

J'ai l'honneur de vous saluer.

GERMAIN CASSE,
Député de la Guadeloupe.

Cette lettre n'a pas été insérée. Induisant en erreur ses lecteurs, l'*Univers* a déclaré que M. Casse le menaçait d'un huissier, ce qui est le coñtraire de la vérité, comme la lettre ci-dessus publiée en témoigne. Nos lecteurs jugeront de la loyauté d'une pareille manière de discuter.

———————————

M. Schœlcher avait préparé, pour être lu au banquet, un discours que nous croyons devoir publier parce qu'il intéresse à un haut degré la cause, de l'abolition de l'esclavage. Il n'a pas pu le prononcer parce qu'il a mieux aimé laisser la parole aux hôtes que nous avions.

Voici le discours de M. Schœlcher :

Mes chers concitoyens,

En 1848, il y a longtemps, avant que quelques-uns d'entre vous fussent au monde, parlant de l'affranchissement des esclaves de l'Etat en Valachie par l'hospodar Bibesco, de l'abolition complète de l'esclavage à Saint-Barthélemy, par la Suède, et des mesures sérieuses que prenait le Danemark dans le même dessein, je disais, je me le rappelle : « L'air du siècle est à l'émancipation. » Avec plus de raison encore, je suis heureux de pouvoir le répéter aujourd'hui devant vous : Notre cause a fait de nouveaux progrès. Durant la même année 1848, le Danemark achevait ce qu'il avait commencé et purifiait les îles Saint-Thomas, Sainte-Croix et Saint-Jean de la plus honteuse des plaies sociales.

Depuis, vous savez ce qui s'est passé aux Etats-Unis ?

L'esclavage y avait pris une extension effrayante. Il y était soutenu par une puissance si formidable, par des intérêts si énormes que les amis de l'humanité se demandaient avec désespoir s'il serait jamais possible de l'y abolir. Quelque fussent le zèle infatigable, l'indomptable énergie, la courageuse persévérance des abolitionistes du Nord, quelqu'admirable que fut l'éloquence de leurs orateurs et de leurs écrivains, les Garrison, les Wendel Philps, les Sumners, on entrevoyait que l'esclavage pourrait bien un jour dissoudre l'Union ; mais il semblait devoir se maintenir dans le Sud comme dans un château-fort inexpugnable. Par bonheur, les esclavagistes du Sud, frappés de la démence que Jupiter, disaient les croyants de l'antiquité, envoyait à ceux qu'il voulait perdre, poussèrent l'audace jusqu'à prétendre imposer leur joug aux Etats du Nord. La guerre de la séparation fut déclarée et, après une lutte colossale, une lutte proportionnée à la grandeur et au génie du peuple américain, les méchants ont été vaincus, et le glorieux Lincoln, en rétablissant l'Union, a proclamé l'émancipation immédiate et sans transition. Là, comme chez nous, comme chez les Anglais, l'expérience a montré que c'était la seule manière bonne de résoudre la question. A cette heure, tous les anciens esclaves jouissent des droits civils et politiques de citoyens des Etats-

Unis. Il y a deux ans, l'un d'eux, M. Pinchluck était nommé sénateur pour la législature de la Louisiane ; un autre, un noir, siége maintenant au Sénat des Etats-Unis, et, soit dit en passant, il s'y distingue par son éloquence et sa parfaite connaissance des affaires.

L'esclavage, écrasé dans sa grande forteresse des Etats-Unis, devait forcément perdre les derniers retranchements qu'il avait en pays civilisé. Ii a été aboli en Portugal par une loi du 25 février 1869, et au Brésil par une loi du 27 septembre 1871. Ces lois ne sont pas ce que voudraient les hommes raisonnables ; elles portent le mauvais caractère de l'esprit conservateur. Elles retirent en partie d'un côté ce qu'elles accordent de l'autre. L'art. 1ᵉʳ dit bien sans ambage, nettement, catégoriquement « l'Esclavage est aboli ; » mais les articles 2 et suivants ajoutent aussitôt que les esclaves émancipés resteront au service de leurs anciens maîtres pour une période de temps plus ou moins prolongée. La loi du Brésil est si conservatrice, qu'elle va jusqu'à admettre qu'un émancipé pourra être transmis d'un maître à un autre, ce qui est, au demeurant, laisser aux anciens maîtres la faculté de vendre les affranchis ! Mais tous ces échafaudages de transaction et d'atermoiement ne tiendront pas. Des individualités seules auront à en souffrir. La pression morale du dehors agira. Le principe est posé, il est acquis ; avant longtemps, il entraînera sa conséquence naturelle, forcée ; on en reviendra à l'abolition réelle, comme il est arrivé aux colonies anglaises où, après avoir établi un apprentissage de sept ans pour les émancipés, on a dû l'abandonner au bout de deux ans. On rêve en vain un état intermédiaire qui ne serait plus l'esclavage, et qui ne serait cependant pas la liberté. Il n'y a pas plus de terme moyen entre la liberté et l'esclavage qu'entre la vérité et le mensonge. D'ailleurs, l'abolition de la servitude n'est pas seulement une mesure d'humanité, c'est une œuvre de justice : elle restitue un droit à ceux qu'on en avait cruellement dépouillés, et s'il n'y a jamais de bonnes raisons pour différer d'accomplir un devoir, du moment que la société reconnaît que c'est pour elle un devoir de rendre à l'esclave la liberté qu'on lui a ravie, elle doit la lui rendre sans délai.

La catholique Espagne, qui eut le malheur d'être la première à rétablir l'esclavage dans le Nouveau-Monde, alors même que la civilisation commençait à le remplacer dans l'Ancien par le servage, aura la honte d'être la dernière des nations civilisées à s'en délivrer. Elle ne s'était point laissé toucher par l'exemple de la France, du Danemark, de l'Angleterre et des Etats-Unis, par un mouvement aussi général vers la réparation du plus grand outrage fait à la nature humaine, elle conservait l'institution mère de tant de crimes. Mais la République est venue, et les Cortès ont proclamé l'émancipation à Puerto-Rico. Pourquoi faut-il qu'ils aient manqué de logique et n'aient pas étendu, comme le voulait M. Garrido, cette mesure à Cuba, sous prétexte que les blancs de l'île sont en insurrection. Est-ce que cette insurrection peut empêcher le droit d'être le droit ? Parce que les maîtres veulent être indépendants, est-ce une raison pour méconnaître le droit des esclaves et ne pas leur rendre la liberté ! Nous regrettons très-vivement, en vérité, que des hommes, comme M. Castelar et M. Py Margall, n'aient pas fait au pouvoir ce qu'ils demandaient avant d'y être ; qu'ils aient en cette occasion répudié les doctrines d'équité qui forment l'essence de toute démocratie. Les Indépendants ont eu plus de sagesse politique ;

après trop d'hésitation, ils ont mis l'abolition de l'esclavage en tête de leur programme et rangé ainsi les abolitionistes parmi ceux qui souhaitent ardemment le triomphe du parti de l'indépendance. Quoi qu'il arrive de la lutte fratricide, dont Cuba est le théâtre depuis si longtemps, les 370,000 esclaves de l'île sont assurés de leur liberté dans un temps prochain.

Nous avons beaucoup gagné aussi du côté de la traite des noirs, de l'infâme trafic que l'on a si justement appelé le trafic de chair humaine; il est permis de dire qu'il ne souille plus la côte occidentale d'Afrique. Un rapport de la commission mixte établie à Sierre-Leone, pour juger les cas de traite, constatait, à la date du 30 septembre 1868, que durant l'année écoulée pas un seul esclave n'avait été enlevé sur cette côte, et M. Crawford, consul anglais à la Havane, écrivait que durant la même année aucun négrier n'avait abordé l'île de Cuba. Le bénéfice d'un pareil état de choses n'avait pas tardé à se faire sentir. Le même rapport de la commission mixte fait savoir que les chefs natifs tournaient déjà leur attention avec avantage vers la culture de l'huile de palmistes, des arachides et autres produits agricoles. (*Antislavery Reporter*, 1er juillet 1869.)

Si maintenant nous regardons du côté du Nord, nous y voyons se prolonger le grand mouvement émancipateur. L'empereur Alexandre, vous ne l'ignorez pas, a eu la gloire d'affranchir tous les serfs de Russie. Mais depuis des siècles on volait des sujets russes, et surtout des sujets persans, pour les vendre à Khiva. Dans cette ville, il y avait un marché régulier où l'on achetait des femmes et des hommes blancs. La Russie a usé de la force que lui donnait la victoire dans sa guerre contre le Khiva et le Bokhara pour faire supprimer l'esclavage. Le nombre des esclaves,

presque tous persans, délivrés dans le Khanat de
Khiva, par l'acte d'émancipation, daté du 24 juin
1873, s'élevait à 40,000.

Vous le voyez, Citoyens, depuis l'heureux jour
dont l'anniversaire nous réunit, la cause que les
vieux parmi nous ont servie, que les jeunes conti-
nueront à servir, la sainte cause de l'émancipation,
a fait d'immenses progrès.

Malheureusement, à ce tableau si consolant il y
a une ombre bien triste. La traite des noirs, sup-
primée à la côte occidentale d'Afrique, se continue à la côte orientale avec toutes ses cruautés,
toutes ses atrocités. Pour fournir des esclaves à
la Perse et à la Turquie, elle suscite, de peupla-
des à pleuplades, des guerres qui n'ont d'autre
but que de procurer au vainqueur des prisonniers
à vendre ; elle dévaste l'intérieur du continent
africain et livre à des souffrances affreuses ceux
qui échappent à la chasse à l'homme. L'intré-
pide voyageur Livingstone, témoin oculaire de
ces horreurs, en a fait une description navrante.
Il en est résulté chez nos voisins une agitation
généreuse qui a eu de l'écho au Parlement. Des
hommes dont il faut citer les noms, parce qu'ils
honorent l'humanité, MM. Gilpin, Kinnaird, R.
Fowler et Russel Guerney ont élevé la voix dans
la Chambre des Communes. Ils ont décidé le
gouvernement anglais à envoyer, auprès du
Sultan de Zanzibar et de l'Iman de Mascate, Sir
Bartle Frère, avec mission d'employer tous les
moyens possibles pour obtenir qu'ils renonças-
sent à tolérer dans leurs Etats la traite dont ils
tiraient profit.

La France s'est jointe à l'Angleterre dans cette
noble mission ; elle n'y pouvait manquer, elle
avait une glorieuse tradition à garder. Et, à ce
propos, j'ai besoin de faire une digression dont
votre patriotisme me saura gré. Toujours à la

tête de toute grande œuvre morale, la France est la première nation du monde qui ait aboli la servitude dans ses possessions d'outre-mer, et cette gloire nous la devons, comme tant d'autres gloires, à la Révolution. Napoléon Ier, qui ne valait pas mieux que Napoléon III, parvint, il est vrai, à restaurer l'esclavage chez nous, excepté à Saint-Domingue, que sa damnable entreprise nous a fait perdre après l'avoir inondée de sang ; mais la France, il est bon de le dire et de le redire, car nous l'oublions trop nous-mêmes, n'en a pas moins l'honneur d'avoir donné l'exemple de l'affranchissement. Mon honorable ami, M. Wallon, disait encore dernièrement : « L'Angleterre a » commencé, la France a suivi. » Erreur. La Société Française des Amis des Noirs, fondée par Brissot et l'abbé Grégoire, est la première qui ait existé, et le décret émancipateur de la Convention est du 4 février 1794. Clarkson et Wilberforce, entre autres, qui ont acquis, par leur dévouement aux pauvres nègres, un nom immortel, reprochaient souvent à la Chambre des Communes, dans leurs discours de la fin du siècle dernier, de ne pas imiter notre admirable exemple. Quoique soutenus par l'opinion publique, ils ont parlé pendant de longues années avant d'être écoutés par ce qu'on appelle «les classes dirigeantes. On a beau dire que les peuples n'ont que le gouvernement qu'ils méritent ; pour moi, à étudier l'histoire même la plus rapprochée de nous, je remarque que les peuples sont toujours plus avancés que leur gouvernement.

Mais revenons à notre sujet. La France, qui a tout fait pour l'abolition de la traite des noirs à la côte occidentale d'Afrique, n'est pas restée au-dessous d'elle-même quand il s'est agi d'y mettre un terme à la côte orientale. Son honneur y était d'ailleurs particulièrement intéressé, car des barques arabes qui obtenaient, on ne sait trop comment, à Zanzibar, l'autorisation de battre pavillon français, ce qui les soustrayait à la visite des croiseurs anglais, usaient de ce privilége pour contribuer à l'infâme trafic. Dès qu'il en fut instruit, le brave amiral Pothuau, alors ministre de la marine, donna ordre aux commandants de nos forces dans ces parages de s'entendre avec les croiseurs anglais pour poursuivre les négriers avec la plus grande rigueur, et de prêter leur concours à Sir Bartle Frère.

De son côté, le cabinet de Washington, répondant à un appel de la Société abolitioniste de Londres, a envoyé dans les eaux de Zanzibar un bâtiment de la marine américaine dont le commandant était chargé de coopérer avec l'agent de S. M. britannique pour obtenir le succès de sa mission.

Ainsi soutenu, Sir Bartle Frère, au nom de la Reine d'Angleterre, a conclu avec l'Iman de Mascate un traité par lequel celui-ci renonce à tolérer la traite dans ses États.

Nous avons donc lieu, comme je le disais, mes chers Concitoyens, de nous féliciter. Beaucoup a été fait contre l'esclavage et contre la traite des noirs qui s'alimentent réciproquement ; mais il reste beaucoup à faire : c'est au cœur de l'Afrique et en Orient qu'il faut maintenant les attaquer. Il y a encore à labourer dans le champ de l'abolition. Puissent les travailleurs venir comme vinrent, longtemps avant 1848, ceux dont notre mémoire reconnaissante garde les noms que j'aime à rappeler : Béranger de la Drôme, Broglie, Corcelle, d'Haussonville, Dutrône, Agénor et Paul Gasparin, Gatine, Hardouin, Isambert, Lamartine, Larochefoucault-Liancourt, Jules Lasteyrie, Ledru-Rollin, Meynier, Montalembert, Passy, Perrinon, Pory-Papy, Rémusat, Roger du Nord,

Tocqueville, etc. Puissent des imitateurs de ces philanthropes organiser une Société qui s'appellerait : Société pour l'Abolition de l'Esclavage en Afrique et en Orient. Unissant ses efforts à ceux de l'*Anti Slavery Society* et de la non moins active *Aborrigene protection Society*, de Londres, elle pourrait, sans doute, atteindre un grand but, celui de déterminer toutes les nations dont l'écusson est lavé de la tache servile, à former un grand Congrès, ou, comme l'a proposé sir Bartle Frère, elles déclareraient aux pays encore esclavagistes : la Turquie, l'Egypte, la Perse, qu'ils seront exclus de la confrérie des peuples civilisés aussi longtemps qu'ils n'auront pas abjuré l'esclavage. Que cela ou quelque chose de semblable se fasse, et ceux que leur âge destine à voir la fin de notre siècle verront sans doute l'esclavage, le dernier vestige de la barbarie antique, aboli en Orient camme il l'est déjà en Occident. Grâce à la civilisation et à la philosophie étendant ainsi de plus en plus leur influence ; l'humanité reconquerra ses droits imprescriptibles et verra rendre aux hommes de toutes races leur dignité avec la possession d'eux-mêmes.

V. Schœlcher.

PARIS.— IMP. DE E. BRIÈRE, RUE SAINT-HONORÉ, 257.